Der Bücherbär
Vorschule

Liebe Eltern,

jedes Kind ist anders. Manche Kinder kennen bereits alle Buchstaben in der Vorschule und können sie zu Wörtern formen. Andere lernen das Abc in der Schule. Für das spätere Leseverhalten ist es jedoch völlig unerheblich, wann die Kinder das Alphabet meistern. Wichtig aber ist der Spaß am Lesen – von Anfang an. Deshalb ist das Bücherbär-Erstleserprogramm konzeptionell auf die Fähigkeiten und Bedürfnisse der Kinder abgestimmt.

Dieses Buch richtet sich an Kinder im Vorschulalter. Die Hauptwörter wurden durch Bilder ersetzt, wodurch auch Kinder „mitlesen" können, die das Abc noch nicht gelernt haben. Das macht neugierig und Lust auf mehr. Zusätzlich regen Rätsel am Ende des Buches zum Gespräch über die Geschichte an. Denn Kinder, die viel Gelegenheit zum Sprechen haben, lernen auch schneller lesen.

Ihr Bücherbär

Empfohlen von Westermann

Friederun Reichenstetter
Vom kleinen Igel, der lieber ein ganz Großer wäre

Dieses Buch gehört:

_____

978-3-401-71873-6 978-3-401-71788-3 978-3-401-71669-5 978-3-401-71667-1

Friederun Reichenstetter
studierte Sprachen in München, Straßburg und London. Danach arbeitete sie für verschiedene internationale Organisationen im In- und Ausland. Seit vielen Jahren ist sie freiberufliche Autorin und schreibt Kinder- und Sachbücher. Sie lebt mit ihrem Mann in München.

Hans-Günther Döring
hat nach einer Ausbildung zum Schauwerbegestalter Kommunikationsdesign und Illustration in Hamburg studiert. Die Natur liegt ihm besonders am Herzen. Wenn er nicht am Zeichentisch sitzt, unternimmt er gerne ausgedehnte Wanderungen zu Fuß, mit dem Fahrrad oder dem Paddelboot – wobei sein Hund Oskar ihn gerne und oft begleitet. Er lebt mit seiner Familie in einem kleinen Ort bei Hamburg.

Ein Verlag der Westermann Gruppe

Der Bücherbär
2. Auflage 2024
© 2016 Arena Verlag GmbH
Rottendorfer Straße 16, 97074 Würzburg
Alle Rechte vorbehalten
Text: Friederun Reichenstetter
Cover und Innenillustrationen: Hans-Günther Döring
Gesamtherstellung: Westermann Druck Zwickau GmbH
Gedruckt in Deutschland
ISBN 978-3-401-71881-1

Besuche den Arena Verlag im Netz:
www.arena-verlag.de

Friederun Reichenstetter

Vom kleinen Igel, der lieber ein ganz Großer wäre

Mit Fragen zum Leseverständnis

Mit Bildern von Hans-Günther Döring

Neugierig blinzelt der

zwischen den  hindurch.

Unter den vertrockneten

an der kleinen  bewegt sich etwas.

Wer da wohl wohnt?

Eine schwarze  taucht auf.

Dann zwei runde ,

zwei kleine behaarte

und vier kurze .

Und ein  voller .

Das alles gehört zum kleinen .

Er ist das kräftigste

der drei ,

die mit ihrer

unter den  hausen.

Sogar seine  ist länger

als die der anderen .

Sein  ist dichter.

Seine  sind kräftiger.

Und seine  sind spitzer.

Der kleine  fühlt sich stark

wie ein .

Die anderen

sind viel kleiner als er, wie .

Ihre  sind kurz

und ihre  noch dünn.

Wie immer ist der kleine

als Erster munter.

Die   schläft noch.

So schnüffelt er im

neben der  .

Er biegt die  auseinander.

Dann schiebt er

mit seiner

ein paar  hin und her.

Versteckt sich da vielleicht

ein  oder eine  ?

Vielleicht auch eine

oder ein unvorsichtiger  ?

Nein, aber eine .

Schnell frisst sie der kleine ,

bevor die

mit den anderen  anrückt.

Ärgerlich schnaubt die

durch die ,

weil der kleine

schon wieder abgehauen ist.

Wie schnell werden

von der

mit den scharfen  gepackt.

Oder vom  aufgespürt.

Hastig scheucht die

ihre  unter die .

Da sind sie sicher.

Hier sitzt nur die  auf ihrem .

Sie hat gerade  gelegt.

Nebenan wohnt die

in ihrem .

Der kleine  findet

die  langweilig.

„Ich bin keine alte ", mault er.

„Ich habe  und bin so kräftig wie ein .

Ich will den  erkunden

und große  kennenlernen."

„Im  ist es unheimlich",

warnen ihn die anderen .

„Dort schnappt dich der .

Oder die  packt dich

und fliegt mit dir davon."

„Schluss jetzt", sagt die  .

„Wir bleiben unter der  .

Hier ist es schön.

Heute Abend scheint der  .

Sogar die  blinken.

Und es gibt genügend  ."

„Ich will aber in den 🌲 ",

sagt der kleine 🦔 trotzig.

„Wenn man in den 🌲 will,

muss man die 🛣️ überqueren",

entgegnet die 🦔.

„Und dort fahren 🚗.

Die sind gefährlich."

„Ich bin stark und habe ",

sagt der kleine .

„Der  hat nur einen .

Und die  hat nur .

Und  haben nur ."

Bevor die  antworten kann,

ist der kleine  verschwunden.

Der kleine  läuft auf die .

Plötzlich kommt ein !

Sofort stellt er seine  auf.

Das  bremst.

„Aha", murmelt der kleine .

„Sogar  haben  vor mir."

Auf einem  sitzt eine  .

Sie entdeckt den kleinen

und breitet die   aus.

Gerade noch

kann sich der kleine

unter einen  retten.

„Du bist aber unfreundlich!",

schimpft er der  hinterher.

„Ich pikse dich doch auch nicht

einfach so mit meinen .

Die anderen  im

sind bestimmt netter als du."

Hoppla, wer ist denn das?

Im 🌲 steht ein riesiges Tier

mit einem 🦌

auf dem 🐗.

„Wer bist du?", ruft der kleine 🦔.

Aber der 🦌 steigt einfach über ihn hinweg.

„Du bist aber eingebildet", beschwert sich der kleine 🦔.

„Wieso sagst du mir nicht einmal, wie du heißt?"

Auch sonst beachtet ihn niemand.

Weder der

noch das ,

das fast über ihn stolpert.

„Pass doch auf!",

ruft der kleine .

Das  grunzt nur

und gräbt weiter nach .

Da wird der kleine 🦔 traurig:

Meine 🦔 und

die anderen 🦔🦔🦔

sind viel freundlicher zu mir.

Überhaupt habe ich mir

den 🌲 schöner vorgestellt.

Im  ist es sehr dunkel.

Der  rüttelt an den .

Plötzlich donnert es!

Dann fallen erste

auf die  des kleinen .

Ein   fährt vom

Im  sieht der kleine

einen roten , grüne

und einen buschigen .

Und ein großes .

Hilfe, ein !

„Ich habe viele  !",

droht ihm der kleine  .

Wenn doch nur

die  hier wäre.

Was hat sie immer gesagt?

Wenn der  kommt,

musst du dich

zu einer  zusammenrollen.

Blitzschnell kullert sich

der kleine  zusammen.

Jetzt sieht er wirklich aus

wie eine  mit .

Schon ist der  da.

Mit seinen   rollt er

ihn hin und her.

Ganz schwindlig wird es

dem kleinen .

Hört der

denn gar nicht auf,

 mit ihm zu spielen?

Doch, endlich lässt er ihn

in Ruhe.

Aber was macht der

denn jetzt?

Der  hat eine ... entdeckt.

Nun aber nichts wie weg hier,

bevor der

wieder hungrig wird.

Der kleine  streckt

seine  aus und saust

unter einen  .

Ich will hier warten,

bis die  aufgeht,

beschließt er.

Dann ist der

in seinem  .

Auch die  schläft.

Endlich hört der  auf.

Eine  zwitschert.

Und eine kleine

turnt zurück ins .

Alle  gehen zur Ruhe.

„Nur ich bin noch mitten im ",

seufzt der kleine .

„Bestimmt schlafen die

und die  schon längst."

Über den 🌳 geht die ☀️ auf.

Der kleine 🦔 macht sich auf den 🛤️.

Zum Glück ist auf der 🛣️ weit und breit kein 🚗 zu sehen.

Schnell auf die andere Seite!

Fast ist er zu Hause.

Wie gut die 🌳 riecht,

und wie schön die 🐦 singt.

Die 🐸

blinzelt ihm freundlich zu.

Der kleine  ist todmüde.

Seine  tragen ihn kaum mehr.

Hier ist endlich das welke ,

unter dem die

und die   schlafen.

Er kuschelt sich neben die

und flüstert ihr ins  :

„Ein   bin ich noch nicht,

aber so tapfer wie einer

war ich trotzdem."

Rätselseite

Welchen Weg ist der Igel durch den Wald gegangen?

Wer warnt den kleinen Igel vor dem Wald?

F  W  P

Wer wohnt nicht in der Hecke der Familie Igel?

E  R  A

Der kleine Igel fühlt sich stark wie ein …

F  L  G

Worauf wartet der Igel, bevor er den Wald verlassen kann?

D  W  G

Welches Wort ergeben die Buchstaben vor den richtigen Antworten?

__ __ __ __

Die Wörter zu den Bildern

Mond

Beine

Wolken

Rücken

Blätter

Stacheln

Hecke

Igel

Nasenspitze

Igelkinder

Igelmutter

Augen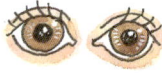

Ohren

Schnauze

Stachel-Kleid

Zähne

Riese

Zwerge

Igelfamilie

Gras

Halme

Steine

Regenwurm

Spinne

Kellerassel

Käfer

Schnecke

Nase

Eule

Krallen

Glühwürmchen

Fuchs

Amsel

Regenwürmer

Nest

Straße

Eier

Autos

Kröte

Pelz

Erdloch

Federn

Wald

Räder

Tiere

Auto

Angst		Wildschwein	
Ast		Wurzeln	
Flügel		Wind	
Strauch		Zweige	
Geweih		Regentropfen	
Kopf		Blitz	
Hirsch		Himmel	
Dachs		Lichtschein	
		Schwanz	

Maul

Kugel

Pfoten

Ball

Maus

Brombeerstrauch

Sonne

Bau

Regen

Meise

Haselmaus

Kugelnest

Nachttiere

Bäume

Weg

Laub

Lösungen

Diesen Weg ist der kleine Igel durch den Wald gegangen.

Die Buchstaben vor den richtigen Antworten ergeben das Wort WALD.